Impressum

© 2022 Rosemarie Stampa
Idee und Gestaltung: Rosemarie Stampa
Layout: Rüdiger Richter
Alle Bibelstellen aus: „Die Bibel oder die ganze Heilige Schrift
des Alten und Neuen Testaments"
Verlag: Privilegierte Württembergische Bibelanstalt Stuttgart

Herstellung und Verlag: BoD – Books on Demand, Norderstedt
ISBN: 978-3-756-80904-2

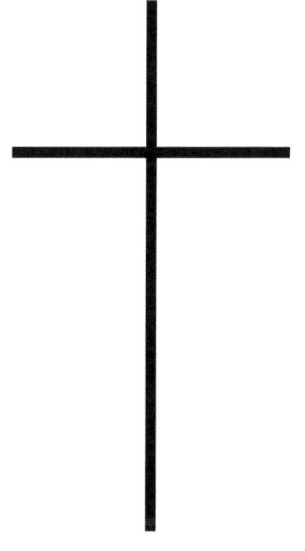

Meine Liebsten Bibelstellen

Rosemarie Stampa

Zueignung:

*Ich widme diese
Broschüre in Liebe
und Dankbarkeit
meinen Eltern,
die uns Kindern
die Bibel so nahe
gebracht haben.*

Rosemarie Stampa

Vorwort

Die Bibel, das „Buch der Bücher", ist uns seit Kindertagen vertraut.
Und doch finden wir im Alltag oft nicht die Muße, diese wunderbaren Texte, diese Kraftquelle, zu lesen und uns von dem Reichtum beschenken und erbauen zu lassen.

Vielleicht entdecken Sie beim Lesen Ihre „Lieblingsstellen" aus dem „Buch der Bücher"? Möge es so sein!

Rosemarie Stampa

Die Autorin gibt Ihnen die Gelegenheit, auf den leeren Seiten Ihre Bibeltexte aufzuschreiben.

Ich
will
dich
segnen,
und
du
sollst
ein
Segen
sein.

1. Mose 12,2

Fürchte
dich
nicht,
denn
ich
habe
dich
erlöst;
ich
habe
dich
bei
deinem
Namen
gerufen,
du
bist
mein!

Jesaja 43,1

Der
Herr
hat's
gegeben,
der
Herr
hat's
genommen;
der
Name
des
Herrn
sei
gelobt!

Hiob 1,21

Singet
dem
Herrn
ein
neues
Lied;
denn
er
tut
Wunder

Psalm 98,1

Fürchte
dich
nicht,
Glaube
nur!

Markus 5,36

Für eigene Bibelstellen.

Ich
schäme
mich
des
Evangeliums
von
Christus
nicht.

Römer 1,16

Wenn
ich
nur
dich
habe,
so
frage
ich
nichts
nach
Himmel
und
Erde.

Psalm 73,25

*Ich
lasse
dich
nicht,
du
segnest
mich
denn.*

1.Mose 32,27

Ich
bin
bei
dir
alle
Tage
bis
an
der
Welt
Ende.

Matthäus 28,20

Bleibe
bei
uns;
denn
es
will
Abend
werden,
und
der
Tag
hat
sich
geneiget.

Lukas 24,29

Das
ist
mir
lieb,
daß
der
Herr
meine
Stimme
und
mein
Flehen
höret

Psalm 116,1

Du
hast
mir
meine
Klage
verwandelt
in
einen
Reigen.

Psalm 30,12

Das
ist
ein
köstlich
Ding,
dem
Herren
danken
und
lobsingen
deinem
Namen,
du
Höchster.

Psalm 92,1

Gott
ist
Liebe;
und
wer
in
der
Liebe
bleibt,
der
bleibt
in
Gott
und
Gott
in
ihm,

1. Johannes 4,16

Für eigene Bibelstellen.

Meine
Zeit
steht
in
deinen
Händen.

Psalm 31,16

Herr,
ich
traue
auf
dich.

Psalm 71,1

Lobe
den
Herrn,
meine
Seele,
und
vergiß
nicht,
was
er
dir
Gutes
getan
hat.

Psalm 103,2

Bei
dir
ist
die
Quelle
des
Lebens,
und
in
deinem
Lichte
sehen
wir
das
Licht.

Psalm 36,10

In
der
Welt
habt
ihr
Angst;
aber
seid
getrost,
ich
habe
die
Welt
überwunden.

Johannes 16,33

Es
wolle
Gott
uns
gnädig
sein.

Psalm 67,1

Das
ist
ein
köstlich
Ding,
dem
Herren
danken.

Psalm 92,1

In
dich
hab
ich
gehoffet
Herr!

Psalm 31

Jauchzet
Gott,
alle
Lande!

Psalm 66,1

Gutes
und
Barmherzigkeit
werden
mir
folgen
mein
Leben
lang.

Psalm 23,6

Der
Glaube
kann
Berge
versetzen.

Matthäus 17,20

Der
Herr
ist
mein
Hirte.
Mir
wird
nichts
mangeln.

Psalm 23,6

Ehre
sei
Gott
in
der
Höhe
und
Friede
auf
Erden
und
den
Menschen
ein
Wohlgefallen!

Lukas 2,14

Dein
Glaube
hat
dir
geholfen.

Matthäus 9,22

Gott
der
Herr
ist
Sonne
und
Schild

Psalm 84,11

Ich
habe
dich
je
und
je
geliebt;
darum
habe
ich
dich
zu
mir
gezogen
aus
lauter
Güte.

Jeremia 31,3

Dein
Wille
geschehe
auf
Erden.
wie
im
Himmel.

Matthäus 6,10

Seid
fröhlich
in
Hoffnung,
geduldig
in
Trübsal,
haltet
an
am
Gebet

Römer 12,12

Du
sollst
deinen
Nächsten
lieben
wie
dich
selbst.

3. Mose 19,18

Nun
aber
bleibt
Glaube,
Hoffnung,
Liebe,
diese
drei,
aber
die
Liebe
ist
die
größte
unter
ihnen.

1. Korinther 13,13

Nachwort

Ich würde mich freuen, wenn Sie
das eine oder andere Bibelwort
wieder erkannt haben; es Ihnen
vertraut war und Ihnen im Alltag
Kraft, Trost und Freude sein kann.

Rosemarie Stampa

Danksagung

Ich danke meinen lieben Eltern für die religiöse Erziehung und die oft auswendig zitierten Bibelstellen.

Sie sind mir seit früher Kindheit vertraut und sehr nahe und haben mich mein Leben lang begleitet, erbaut und getröstet.

Ebenfalls danke ich meinem lieben Neffen Rüdiger Richter für die Mitgestaltung dieser Broschüre.

München, November 2022

Rosemarie Stampa